PUREZA
DE CORAÇÃO

CB016325

Dados Internacionais de Catalogação na Publicação (CIP)
(Câmara Brasileira do Livro, SP, Brasil)

Grün, Anselm
　　Pureza de coração : caminhos para a busca de
Deus no antigo monaquismo / Anselm Grün ;
tradução de Paulo Ferreira Valério . – Petrópolis, RJ :
Vozes, 2016.

　　Título original : Reinheit des Herzens : Wege der
Gottsuche im alten

　　ISBN 978-85-326-5226-3

　　1. Espiritualidade 2. Ética cristã 3. Teologia
mística 4. Vida religiosa e monástica I. Título.

16-00830　　　　　　　　　　　　　　　　CDD-248.4

Índices para catálogo sistemático:

1. Espiritualidade e mística : Cristianismo
248.4

Anselm Grün

PUREZA
DE CORAÇÃO

Caminhos para a busca de Deus
no antigo monaquismo

Tradução de Paulo Ferreira Valério

EDITORA
VOZES

Petrópolis

© 2013 by Vier-Türme GmbH-Verlag, Münsterschwarzach

Título do original em alemão: *Reinheit des Herzens – Wege der Gottsuche im alten Mönchtum*

Direitos de publicação em língua portuguesa – Brasil:
2016, Editora Vozes Ltda.
Rua Frei Luís, 100
25689-900 Petrópolis, RJ
www.vozes.com.br
Brasil

Todos os direitos reservados. Nenhuma parte desta obra poderá ser reproduzida ou transmitida por qualquer forma e/ou quaisquer meios (eletrônico ou mecânico, incluindo fotocópia e gravação) ou arquivada em qualquer sistema ou banco de dados sem permissão escrita da editora.

Diretor editorial
Frei Antônio Moser

Editores
Aline dos Santos Carneiro
José Maria da Silva
Lídio Peretti
Marilac Loraine Oleniki

Secretário executivo
João Batista Kreuch

Editoração: Flávia Peixoto
Diagramação: Sheilandre Desenv. Gráfico
Capa: Omar Santos

ISBN 978-85-326-5226-3 (Brasil)
ISBN 978-3-89680-588-1 (Alemanha)

Editado conforme o novo acordo ortográfico.

Este livro foi composto e impresso pela Editora Vozes Ltda.

Sumário

Prefácio a esta edição, 7

Introdução, 11

1 A natureza da pureza de coração, 15

2 Meios para alcançar a pureza de coração, 21

3 Sinais da pureza de coração, 75

4 O caminho para a pureza de coração como
 desafio para nós, 79

Índice, 87

Prefácio a esta edição

O livro *Pureza de coração* foi o primeiro pequeno escrito que publiquei. Em 1975, realizávamos na abadia nossa primeira reunião na qual confrontamos nossas experiências com a psicologia de Carl Gustav Jung e com a meditação zen, tal como a tínhamos aprendido com Karlfried Graf Dürckheim, com as experiências dos Padres do Deserto do IV ao VI séculos.

Para a ocasião, havíamos convidado leigos e psicólogos. Naquele período, Pe. Fidelis Ruppert era o promotor desse curso. Ele tinha sido um dos primeiros, entre nós, jovens monges, a aprender a meditação zen em um curso e estivera durante certo tempo com Graf Dürckheim, em Rütte, como hóspede. Em Würzburg, ele obtivera o doutorado com uma tese sobre a formulação da obediência em Pacômio e, por conseguinte, era bem versado no monaquismo primitivo. Ele me impusera a tarefa de pesquisar algo sobre o tema "Pureza de coração" nos monges primitivos e fazer uma conferência a respeito.

Um pouco antes, em Roma, eu obtivera o doutorado com uma tese sobre a doutrina da redenção em Karl Rahner e conhecia pouco sobre o monaquismo primitivo. Com grande entusiasmo, li, então, os antigos escritos e – como teólogo sistemático de formação – organizei e apresentei de maneira compreensível as diversas ideias dos monges primitivos.

A conferência que eu havia elaborado na ocasião, publiquei-a na Revista *Erbe und Auftrag* (Herança e Missão) em 1975. Dali surgiu o primeiro pequeno escrito que, infelizmente, havia muito tempo estava esgotado. Assim, alegro-me com o fato de que a Editora Vier-Türme reedite este primeiro escrito.

A expressão "Pureza de coração" – *purita cordis* – provém de João Cassiano. Juntamente com os monges primitivos, no contemplar a Deus, ele vê a meta do monge. Os monges eram fascinados pela sexta bem-aventurança de Jesus: "Bem-aventurados os puros de coração, porque eles verão a Deus" (Mt 5,8). Para poder contemplar a Deus é preciso um coração puro, um coração não premeditado, um coração não perturbado pelas paixões. Em seu livro *Unterredungen mit den Vätern* (Colóquios com os Pais), Collatio 12, Cassiano liga a bem-aventurança da pureza de coração com a história de Jacó. Ele interpreta o nome de Jacó como "aquele que foge" dos vícios. No encontro com o homem escuro, com suas próprias sombras, na famosa cena no Jaboc (Gn 32,23-33), Jacó recebe um nome novo: Israel. A Bíblia explica este nome como aquele-que-luta-com-Deus. No entanto, Cassiano traduz o nome Israel como "*videns Deum*", "aquele que vê a Deus".

Para Cassiano, a pureza de coração é a primeira meta; em contrapartida, a última meta é a contemplação de Deus. O caminho para a pureza de coração é penoso. Passa pela luta com as paixões, pela austeridade, pelas vigílias, pela leitura e pelo jejum. Contudo, quem tem diante dos olhos a meta derradeira – a contemplação de Deus – assume de bom grado os esforços, tal como um agricultor trabalha o campo com muitos labores, a fim de produzir uma boa colheita, para poder, enfim, viver despreocupadamente.

O pequeno escrito cita diversas afirmações dos monges primitivos. Todas essas indicações dos monges outra coisa não desejam senão mostrar-nos um caminho pelo qual possamos vivenciar em nós mesmos essa sexta bem-aventurança e contemplar Deus com um coração puro. Que esse ensinamento dos monges primitivos possa tornar-se para todos nós um caminho de aprendizado e caminho de vida. Assim, desejo que este pequeno escrito, que tem o estímulo da novidade, suscite um renovado interesse nos leitores e leitoras, e lhes toque o coração.

Münsterschwarzach, 20 de fevereiro de 2013.

Pe. Anselm Grün, OSB

Introdução

Faz anos que uma onda de meditação irrompeu sobre as pessoas do Ocidente. Ela testemunha como o ser humano atual, a partir da agitação e do dilaceramento de seu cotidiano, anseia por encontrar recolhimento e silêncio. E em muitos, na origem de sua dedicação à meditação, encontra-se uma autêntica busca de Deus. Hoje em dia, oferecem-se formas de meditação que ora nos chegaram do Oriente, ora foram desenvolvidas pela psicologia, a fim de corroborarem o processo de cura. Os defensores das formas de meditação psicológica prometem às pessoas relaxamento, cura, autorrealização; os defensores das formas de meditação oriental prometem, além disso, experiência de Deus, iluminação, vivência mística.

Por mais que essas formas de meditação sejam valiosas para o ser humano de hoje, elas deveriam, acima de tudo, estimular-nos a buscar, na própria tradição cristã, as experiências que as pessoas fizeram em sua busca de Deus. Neste pequeno escrito, gostaríamos de frequentar a escola dos monges do III ao VI séculos. Esses monges apostaram toda a sua vida unicamente em Deus. Em uma radicalidade que nos é estranha, procuraram purificar-se sempre mais, a fim de preparar-se para o encontro com Deus. Quando eles narram a respeito de sua busca de Deus, sempre reaparece a noção de pureza de coração. Para eles, a pureza de coração era a condição psicológica que o ser humano deveria criar em si se quisesse verdadeiramente buscar a Deus e contemplá-lo, experimentá-lo. A pureza de coração é um conceito central da espiritualidade monástica. Em nossa opinião, a pesquisa em torno dessa ideia pode trazer alguma clareza à discussão hodierna que se inflamou em torno das diversas formas de meditação. Ela ilumina um aspecto que é negligenciado ou que não é visto de maneira nenhuma por aqueles que honestamente se esforçam para meditar. E os caminhos para a pureza de coração, mostrados pelos monges, são pelo menos dignos de nota. Talvez um ou outro encontre aí um caminho viável para si mesmo.

Para João Cassiano, o autor mais importante do monaquismo ocidental no século V, a verdadeira meta do monge é o Reino de Deus ou a contemplação de Deus. Todavia, o monge não pode alcançar esse objetivo sem a pureza de coração. Portanto, a pureza de coração é o objetivo de curto prazo pelo qual o monge deve lutar[1].

O monge não pode provocar a contemplação de Deus, não a pode alcançar mediante técnica meditativa. Ela só pode ser doada por Deus. Entretanto, o monge pode esforçar-se pela pureza de coração. E os escritores espirituais exigem um duro combate em prol da pureza de coração. É verdade que a autêntica pureza de coração é, no final das contas, também dom de Deus. No entanto, o monge deve, em contínuo esforço, lutar por ela, se quiser levar a sério seu anseio por Deus. Sem o esforço da luta, ele não teria nenhuma sensibilidade para a graça do dom divino. Por contemplação de Deus como sua verdadeira meta, os monges compreendem não tanto uma iluminação mística, visões e êxtase, mas principalmente a vida na presença de Deus, o

---

1. Cf. CASSIANO, J. *Unterredungen mit den Vätern* (Collationes Patrum). Parte I: Collationes 1 a 10. Quellen der Spiritualität. Vol. 5. Münsterschwarzach, 2011, Collatio (= Coll.) 1,4 [Trad. e expl. de Gabriele Ziegler].

diálogo contínuo com Deus. Pureza de coração é, no caso, a condição psicológica para uma vida na presença de Deus. É a pressuposição antropológica para a oração contínua. Somente quem limpou seu coração de todos os obstáculos torna-se capaz de viver sempre na presença de Deus e estar constantemente em diálogo com Ele.

1
A natureza da pureza de coração

Pureza de coração é, antes de mais nada, pureza de vontade. Consiste na disposição de fazer unicamente a vontade de Deus. Todas as falsas intenções secundárias devem ser descartadas, até que estejamos interiormente purificados e queiramos estar inteiramente à disposição de Deus. A pureza da vontade significa a libertação dos vícios. Por conseguinte, os monges devem assumir a luta contra os vícios. Somente quando os vícios forem vencidos é que o coração pode estar em paz, livre do medo, livre também da agitação e de emoções incontroláveis. Pureza de coração e serenidade interior estão intimamente relacionadas. Somente quem é puro de coração é também sossegado em seu coração. Enquanto as raízes dos vícios ainda estiverem na pessoa, ela não pode alcançar a paz interior.

Serenidade de coração não significa apenas que a pessoa recolha seus pensamentos da dispersão e os reúna em Deus, mas que ela também chegue à paz de seus sentimentos em Deus. Isso não pode ser forçado por nenhuma concentração, mas unicamente mediante um combate espiritual, por meio da vitória sobre os vícios, a qual, em última instância, se expressa na humildade. Somente o humilde pode realmente estar em paz em seu coração. Assim diz o Abade Poimen, Padre do Deserto:

> Quando você se considera insignificante, você tem a paz, não importa em que lugar você possa instalar-se[2].

Semelhantemente, escreve João Cassiano:

> Não se conseguem nem se conservam a paciência e a paz verdadeiras sem profunda humildade de coração. Se elas brotarem desta fonte, não precisarão nem dos muros protetores da cela nem da fuga para a solidão. Com efeito, elas não buscam amparo em alguma coisa exterior; ao contrá-

---

2. "Weisung der Väter – Apophthegmata Patrum". *Quelle östlicher Theologie*. Vol. 6. 8. ed., 2009, Apophthegma 655 [Trad. de Bonifaz Miller].

rio, cintilam [como estrelas na noite] por força da humildade, sua mãe, que vela sobre elas[3].

Pureza de coração tem igualmente um aspecto mais intelectual. Significa um constante pensar em Deus.

O constante pensar em Deus preserva o espírito contra a dispersão. Na verdade, a mente deve sempre estar pensando em algo.

A mente, quando não sabe aonde deve regressar ou a que direção deve prioritariamente entregar-se, no decurso de cada hora ou instante, dependendo da diversidade das ofensivas, é necessariamente alterada, e a partir do que lhe chega de fora, muda constantemente para a situação que a encontrou por primeiro[4].

Enquanto o pensamento se distrai em diversas coisas, o pensamento em Deus recolhe a mente e conduz a pessoa à paz interior. Mediante a observação da Escritura e por meio do silêncio,

---

3. CASSIANO, J. *Unterredungen mit den Vätern* (Collationes Patrum). Parte 3: Collationes 18 a 24. Quellen der Spiritualität. Vol. 5. Münsterschwarzach, [no prelo], Coll. 18,13 [Trad. e expl. de Gabriele Ziegler].

4. CASSIANO, J. *Unterredungen...* Parte 1, Coll. 1,5.

diz Isaque de Nínive, a pessoa pode afastar sua mente das ocupações com as muitas coisas do mundo e, assim, purificá-la. Contudo, a pureza de mente não se mantém, mas pode sempre de novo voltar a poluir-se. Somente a pureza de coração confere à pureza de mente firmeza e durabilidade. O coração, como raiz de todas as forças da alma, deve ser puro, se a pureza quiser ser duradoura[5].

Para Cassiano, no final das contas, a pureza de coração é amor. Somente quem ama a Deus pode nele encontrar a paz, quer com seus pensamentos, quer com seus sentimentos. Só pode pensar constantemente em Deus quem o ama. O amor unifica nossos interesses e pensamentos e direciona-os ao objeto amado. Sem amor, o pensamento, que só se ocupa com um objeto, tornar-se-ia aborrecido. Pensar em Deus, orar a ele incessantemente é, portanto, sinal do amor. E só pode amar quem venceu seus vícios e tornou-se livre para Deus.

---

5. Cf. NÍNIVE, I. *Ausgewählte Schriften der syrischen Kirchenväter* – Bibliothek der Kirchenväter. Vol. 38. Kempten, 1874, p. 320 [Trad. de Georg Bickell].

A propósito dessa identidade entre pureza de coração e amor, escreve Cassiano:

> Com efeito, o que significa não ser hipócrita, não ser presunçoso, não agir erroneamente, não buscar a própria vantagem, não alegrar-se com a injustiça, não pensar mal e assim por diante, senão apresentar a Deus um coração perfeito e plenamente puro e preservá-lo incólume de todas as desordens?[6]

---

6. CASSIANO, J. *Unterredungen...* Parte 1, Coll. 1,6.

2
Meios para alcançar a pureza de coração

Todos os exercícios ascéticos dos monges estão voltados para alcançar a pureza de coração. Cassiano escreve com muita clareza:

> Portanto, tudo devemos fazer e esforçar-nos em prol de um coração puro. Sabemos que para isso devemos buscar a solidão; para isso devemos assumir as vigílias e os esforços, a nudez do corpo, o estudo da Sagrada Escritura e as demais virtudes, a fim de que nós – bem-entendido, mediante tais virtudes – guarneçamos nosso coração contra todas as paixões nocivas, conservemo-lo são e salvo, e possamos subir gradualmente para a perfeição do amor, à medida que colocamos o pé neste degrau[7].

---

7. Ibid., Coll. 1,7.

Aqui não podemos tratar de todas as práticas monásticas exercitadas na luta pela pureza. Gostaria de escolher dois aspectos: em primeiro lugar, o nexo entre ascese e pureza de coração e, em segundo lugar, a lida com os pensamentos.

2.1 Ascese

Sob a noção de ascese, reúnem-se todos os exercícios que os padres monges repetidamente enumeram: jejum, vigílias noturnas, trabalho manual duro e penoso, austeridade em relação ao corpo e a suas necessidades, leitura, oração do saltério, meditação, *ruminatio* (ruminação), observação da Escritura, conservar-se na cela, ter diante dos olhos a morte, lamentar os próprios pecados e outros mais.

Ascese como ofício

Aquilo que à primeira vista talvez pareça trabalhice, o que foi severamente condenado por Lutero, para os monges é simplesmente seu ofício, o que caracteriza sua vocação. E é importante aprender esse ofício. Em um aforismo, indaga Poimen:

> De que adianta dedicar-se a um ofí-
> cio sem aprendê-lo?[8]

Aprende-se um ofício à medida que se aprende a lidar com as ferramentas e os instrumentos
necessários para esse ofício. Em sua Regra, no
cap. IV, São Bento lista setenta e cinco instrumentos da *ars spiritalis*, do ofício espiritual. Ele
exige que o monge os exercite dia e noite. A ofi-
cina na qual o ofício é exercido são o isolamento
do mosteiro e a permanência na comunidade.

Os instrumentos que São Bento lista come-
çam simplesmente com os Dez Mandamentos.
E toda uma série dos instrumentos subsequentes são exigências de tipo moral. No entanto,
àquele que utiliza tais ferramentas, promete-se
como recompensa:

> O que nenhum olho viu e nenhum
> ouvido ouviu, isso Deus preparou
> para os que o amam[9].

A meta é, portanto, mais uma vez, a contemplação de Deus. O objetivo, poder-se-ia
dizer, é místico, mas o caminho para ele é

---

8. Aforismo 702.
9. 1Cor 2,9. Cf. Regra de São Bento (=RB) 4,77.

ascético-moral. É verdade que, em São Bento, ressoa uma recompensa da piedade, como se a contemplação de Deus fosse uma recompensa que não tem nenhuma conexão íntima com o exercício das ferramentas. No entanto, para os antigos monges, existe uma ligação interior entre as exigências morais e o objetivo místico: quem utiliza os instrumentos das boas obras purifica seu coração. E somente o coração purificado é capaz de contemplar a Deus. Nenhuma técnica de meditação, mas o trabalho com as ferramentas do ofício espiritual é que conduz o monge à contemplação de Deus.

Ao lado das ferramentas mais moralistas, porém, São Bento cita também um instrumento puramente espiritual:

> Conservar cotidianamente diante dos olhos a imprevisível morte, vigiar todo o tempo sobre o próprio fazer e não fazer, estar firmemente convencido de que Deus nos acompanha com o olhar por toda a parte... prostrar-se frequentemente em oração[10].

---

10. EB 4,47-49 e 4,56.

Todos estes instrumentos visam à pureza de coração. Assim fala João Clímaco a respeito do exercício de conservar a morte diante dos olhos:

> O pensamento sério sobre a morte produz uma maravilhosa e imperecível pureza de mentalidade e de comportamento[11].

Os instrumentos que Cassiano especifica são também mais de natureza espiritual: jejum, vigílias noturnas, observação da Escritura. E Cassiano escreve mui claramente que esses instrumentos não são um fim em si mesmos, mas servem à finalidade da pureza de coração.

> Aquilo, porém, que devemos observar – jejum, vigílias noturnas, vida eremítica, meditações sobre a Escritura – foi-nos incumbido em razão da meta a ser buscada em primeiro lugar: a pureza de coração[12].

Contudo, apesar de sua relatividade, os instrumentos devem ser continuamente praticados:

> Isso também se aplica quando uma pessoa se põe a preparar e a dispor

---

11. CLÍMACO, J. *Die Leiter zum Paradiese*. 2. ed. Regensburgo, 1874, p. 125 [Trad. de Franz Sales Handwercher].

12. CASSIANO, J. *Unterredungen...* Parte 1, Coll. 1,7.

para si os instrumentos de qualquer arte, não para que ela os possua indolentemente e não para que o fruto daquela utilidade que deles se espera consista na simples posse dos instrumentos, mas para que a pessoa, mediante o serviço deles, possa principiar, com êxito, a habilidade e o fim último daquela arte, para cujo apoio eles estão disponíveis[13].

Cada monge escolhe alguns, entre os vários instrumentos, com os quais ele lida de modo especialmente bom e que lhe sirvam da melhor maneira para a consecução de seu objetivo. Isso exige um bom autoconhecimento. Somente assim se pode descobrir o instrumento mais adequado para si. Nos aforismos, cada monge é caracterizado por seus instrumentos e exercícios especiais:

O Abade Poimen dizia: "Três exercícios corporais constatávamos no Patriarca Pambo: jejum cotidiano até à tarde, silêncio e muito trabalho manual"[14].

Muitos exercícios têm a ver com o corpo. O monge deve trabalhar duramente com o corpo no jejum, na nudez e na austeridade contra si

---

13. Ibid.
14. Aforismo 724.

mesmo, no trabalho manual. Há um nexo entre o exercício corporal e a pureza de coração. Por meio do trabalho corporal, posso influenciar minha mente. *"Labor corporis infert puritatem cordis – o trabalho corporal produz pureza de coração"*[15], diz Antônio. A relação entre corpo e mente torna-se especialmente evidente no jejum, que purifica dos vícios e torna o monge humilde[16]. O Abade Poimen expressa-o de modo bastante drástico:

> A alma não é absolutamente humilde se o pão não lhe for racionado[17].

---

15. ANTONIUS. "Admonitiones ad monachos". In: MIGNE, J.P. (ed.). *Patrologia Graeca*. Vol. 40. Paris, 1863, p. 1.080 [Trad. alemã de Anselm Grün].

16. Cf. CASSIANO, J. *Unterredungen mit den Vätern*. Parte II: Collationes 11 a 17. Quellen der Spiritualität. Vol. 9. Münsterschwarzach, 2013 [Collatio (= Coll.) 16,19] [Trad. e expl. de Gabriele Zieger]. • NILUS. "Über die acht Geister der Bosheit". *Das morgenländische Mönchtum*. Parte II. Mogúncia, 1913, p. 60 [Trad. de Stefan Schiwietz]: "A repressão da glutonaria traz como consequência fecunda contemplação", "Um estômago vazio capacita ser vigilante na oração". O autor designado por "Nilus" nas edições mais antigas é idêntico a Evágrio Ponticus. A obra de autoria de Nilus, citada aqui e nas notas subsequentes, foi reeditada: PONTIKUS, E. *Über die Acht Gedanken*. Vol. 3. Beuron, 2007 [Intr. e trad. de Gabriel Bunge] [Acht Gedanken I, 12].

17. *Apophthegma* IV 35: Les sentences des pères du désert. Solesmes, 1976, p. 73 [3. coletânea e tabelas, por Dom Lucien Regnault].

O excesso de sono torna a pessoa indolente; em contrapartida, a privação do sono produz vigilância e sobriedade interiores:

> Sono demasiado torna o coração enfastiado. Boas vigílias, porém, aguçam a mente. Sono em demasia traz consigo tentações. Quem, no entanto, vigia, afasta-as[18].

Os monges sabiam que uma ação física evoca determinada atitude interior. Assim escreve João Clímaco a respeito do lava-pés durante a Última Ceia:

> O Senhor sabia que através da ação corporal exterior, a virtude da alma é influenciada e estimulada; assim, ele cingiu-se com uma toalha e, com isso, deu-nos um breve e conciso ensinamento da humildade. A alma orienta-se pelos gestos corporais e desenvolve-se e assume forma a partir do que ela faz[19].

Por meio de um agir no corpo, posso, portanto, influenciar a alma, posso purificar o coração. Isso vale não somente para ações exteriores,

---

18. PONTICUS, E. "Sententiae ad fratres". In: MIGNE, J.P. (ed.). *Patrologia Graeca* (= PG). Vol. 40. Paris, 1863, p. 1.279 C.
19. CLÍMACO, J. *Die Leiter zum Paradiese*, p. 271.

mas também para as posturas corporais, para os gestos do corpo. Assim, Clímaco alega que nós, na oração, devemos assumir, também exteriormente, uma atitude devota. E como justificativa ele diz que a mente depende do corpo[20].

Ascese como luta contra os vícios

Ao lado do conceito de trabalho manual, encontramos reiteradamente também o da luta. Ascese significa luta contra os demônios, contra os vícios, contra os pensamentos, esforço pela pureza de coração, serviço militar como soldado de Cristo. Para Cassiano, o esforço pela pureza de coração exige o combate contra os oito vícios. Em concordância com Evágrio Pôntico, ele lista os oito vícios:

> Glutonaria, fornicação, avareza, tristeza, ira, acedia, ambição, orgulho[21].

Na doutrina dos oito vícios, deparamo-nos com a tentativa de sistematizar psicologicamente

---

20. Cf. ibid., p. 354.
21. *Unterredungen...* Parte I, Coll. 5,2. Nessa nova tradução: insaciabilidade do estômago, luxúria, apego ao dinheiro, ira, tristeza, moleza, sede de glória, altivez.

a experiência dos monges. Hoje, aos vícios designaríamos impulsos, como tendências desordenadas, como desejos e pretensões desordenados.

Os três primeiros vícios correspondem aos três impulsos fundamentais: poder-se-ia caracterizar a glutoneria como tendência narcisista ou autista, como a rejeição a tornar-se adulto.

Fornicação e avareza descrevem o impulso sexual e a vontade de poder. Do ponto de vista do desenvolvimento psicológico, dir-se-ia que as fases oral, anal e edipiana não foram superadas.

Quando, pois, estas três tendências não são ordenadas na busca do ser humano por Deus, em seu esforço para a verdadeira humanização, então surgem nele três estados de ânimo negativos, que os monges designam como os três próximos vícios: tristeza, ira e acedia (indolência). Essas disposições de espírito surgem sempre quando o ser humano ainda está demasiado apegado às coisas do mundo, quando ainda é dominado pelos três impulsos fundamentais e deve constatar que não fica plenamente satisfeito. Assim diz João Clímaco:

> Quem odeia o mundo não conhece tristeza; aquele, porém, que ainda tem

paixão por coisas visíveis, ainda não está livre da tristeza, pois como não poderia ficar perturbado aquele que foi privado de uma coisa da qual pendia seu coração?[22]

Da mesma forma escreve Evágrio:

Quem ama o mundo, experimentará muita tristeza; aquele, porém, que despreza as coisas deste mundo, permanecerá para sempre em feliz disposição[23].

O ser humano sempre reage com ira quando não consegue algo que ele queria necessariamente conseguir, ou quando ele é pouco notado, ou ofendido. A ira é sempre um sinal de que a pessoa está demasiadamente apegada a si mesma e ao mundo, a ponto de não poder desvencilhar-se de ambos. A ira é a reação ativa a uma frustração; a acedia, a passiva. A pessoa resigna-se e já não tem vontade para nada. Evágrio diz:

A indolência anula o potencial da alma[24].

---

22. CLÍMACO, J. *Die Leiter zum Paradiese*, p. 38.
23. NILUS. "Über die acht Geister der Bosheit", p. 68 [Acht Gedanken XII, 16].
24. Ibid., p. 69.

31

Quando a pessoa combateu os três impulsos básicos e julga ter alcançado a vitória, eis que frequentemente aparecem os dois últimos vícios: sede de glória e altivez. São os mais perigosos, pois são vícios espirituais. Eles mostram que os três impulsos básicos não foram vencidos, mas apenas reprimidos de maneira falsa.

Na sede de glória e na altivez, os três impulsos básicos apenas se mostram em outro objeto, sob a aparência do espiritual e do heroico. No final das contas, a pessoa permanece apegada a si mesma e ao mundo. Todos os seus esforços ascéticos e sua piedade servem apenas a si mesma, à sua própria glorificação. Eles não a tornam aberta para Deus, mas fecham-na em si mesma.

Todos os instrumentos ascéticos e mentais servem para o combate contra os oito vícios. Os vícios devem ser superados, se alguém quiser alcançar a pureza de coração e a oração constante. A natureza do combate depende do vício que deve ser combatido. Por conseguinte, primeiramente o monge procura em si mesmo o vício que mais lhe dá trabalho. Para o combate, Cassiano oferece as seguintes orientações:

> Por isso, devemos assumir de tal modo a luta contra tais vícios, que cada um,

depois de examinar o vício que mais o expõe ao perigo, comece o combate prioritariamente contra este. [No caso, deve proceder da seguinte maneira:] Fixar toda a atenção e cuidado da mente na observação e na luta contra este vício. Direcionar para isso as pontas de flechas diárias do jejum e em todo momento arremessar as saudosas queixas do coração e inúmeras rajadas de suspiros. Incessantemente, entre lágrimas, derramar preces diante de Deus e somente a ele pedir continuamente a vitória sobre a tentação[25].

Embora neste texto se tenha a impressão de que todo meio pudesse ser empregado contra todo vício, Evágrio diferencia e apresenta instrumentos especialmente eficazes para cada vício:

A leitura, a vigília e a oração dão firmeza à mente errante. A fome, o trabalho e o retraimento à solidão desfazem a paixão ardente. A mente agitada pela ira é sossegada pela recitação dos salmos, pela paciência e pela misericórdia e, aliás, por todos os meios no tempo conveniente, usados na justa medida. Com efeito, o que é desmesurado e inoportuno não perdura. Aqui-

25. CASSIANO, J. *Unterredungen*... Parte I, Coll. 5,14.

lo que não dura, no entanto, mais prejudica do que beneficia[26].

João Clímaco oferece contra cada vício um meio diferente:

> A lembrança da morte traz como consequência a moderação, assim como a contínua memória do vinagre e do fel do Senhor. Um auxílio da modéstia são a serenidade da solidão e a domesticação da carne por meio do jejum. Pensamentos vergonhosos contrapõem-se à contrição da alma. Fé e renúncia ao mundo são a morte da cobiça, mas a misericórdia e o amor levam a oferecer o próprio corpo como vítima. A oração devota e contínua aniquila a indolência, e a lembrança do Juízo concede alegre coragem. O remédio contra a agitação são o amor à humilhação, a piedosa recitação dos salmos e a misericórdia para com o próximo. A privação de toda propriedade sufoca a tristeza, e a insensibilidade em relação a tudo o que é sensual produz o esforço e a busca pelo que é espiritual. O silêncio e a solidão são inimigos da vaidade. A

---

26. PONTICUS, E. "Capita practica ad Anatolium". In: MIGNE, J.P. (ed.). *Patrologia Graeca*. Vol. 40. Paris, 1863, p. 1.223 VI.

arrogância exterior é curada pela vestimenta ruim e desprezível, ao passo que a interior só pode ser curada pelo que provém da eternidade[27].

De modo igual, encontram-se repetidamente em outros autores monásticos conselhos a respeito de como cada vício pode ser superado. No caso dos três primeiros vícios, é sempre recomendado o contrário: jejum, abstinência e esmolas. É mais difícil vencer os três estados de ânimo. Contra a tristeza e a indolência, recomendam-se como auxílio ou a oração ou um dia vivido em estrita ordem:

A oração é a proteção contra a tristeza e o desânimo[28].

Quando o monge conserva a ordem, então não ficará desnorteado[29].

Antônio, que se sentia completamente desnorteado em sua tristeza, é salvo pelo exemplo de um anjo que alterna oração e trabalho:

Ele sentava-se ali e trabalhava; depois, levantava-se do trabalho e orava; sen-

---

27. CLÍMACO, J. *Die Leiter zum Paradiese*, p. 320s.
28. Aforismo 548.
29. Aforismo 741.

tava-se novamente e tecia uma corda; levantava-se mais uma vez para rezar. E eis que era um anjo do Senhor, que fora enviado a fim de conceder ensinamento e segurança a Antônio. E ele ouviu o anjo dizer: "Faça assim e você alcançará a salvação". Assim que ele ouviu isso, sentiu-se repleto de grande alegria e coragem, e mediante este agir encontrou a salvação[30].

Evágrio dá conselho semelhante:

A indolência é curada pelo autodomínio e mediante o fazer tudo com grande cuidado e temor de Deus. Para o trabalho, estabeleça tempo e medida, e não pare até que tenha terminado; reze frequente e sinceramente, e o espírito da indolência vai afastar-se de você[31].

O combate mais difícil é contra a sede de glória e a soberba. Visto que se trata de vícios espirituais, o monge deve combatê-los também com meios espirituais. Certamente os exercícios corporais podem igualmente curar a pessoa de sua soberba. O jejum ou a vestimenta simples

---

30. Aforismo 1.
31. NILUS. "Über die acht Geister der Bosheit", p. 69.

podem torná-la humilde. No entanto, tudo isso pode também ser transformado em trabalhice piedosa que serve à própria glória. Por conseguinte, o verdadeiro combate contra os vícios se trava no interior da pessoa.

Assim escreve Cassiano:

> Não precisamos temer nenhum inimigo exterior. Em nós próprios está encerrado o inimigo. Diariamente produz-se um combate em nosso interior. Se ele for suportado até à vitória, tudo o que é exterior se tornará fraco e submetido em paz ao lutador de Cristo. Não precisamos temer nenhum inimigo exterior se o que existe em nós for vencido pela mente e submisso à sua orientação[32].

Os adversários do combate espiritual são os demônios, e estes nos estorvam em nossos pensamentos.

> Contra os leigos, os demônios combatem mais através das coisas; contra os monges, porém, principalmente

---

32. CASSIANO, J. "Über die Einrichtung der Klöster und von den Heilmitteln gegen die Acht Hauptlaster". In: PETSCHENIG, M. *De Institutis Coenobiorum*. Viena, 2004, CSEL XVII, cp. 5,21 [Trad. de Gabriele Ziegler].

através dos pensamentos, uma vez que eles, por causa da solidão, privam-se das coisas. Mas se é muito mais fácil pecar com a mente do que pela ação, a luta sustentada contra a mente é muito mais árdua e difícil do que aquela contra as coisas mesmas[33].

Semelhantemente, diz Antônio:

Portanto, nesse combate, o meio mais importante é o confronto justo com os pensamentos que brotam de nosso íntimo[34].

2.2 Lidar com os pensamentos

Nos autores monásticos, o combate aos pensamentos ocupa amplo espaço. Fala-se repetidamente dos pensamentos que assediam o monge, que o desnorteiam e o mergulham na tristeza. E os estudantes sempre indagam de seu abade, o pai e orientador espiritual:

---

33. PONTICUS, C. "Capita practica ad Anatolium". PG 40, p. 1246 XLVIII.
34. ANTONIUS. "Sententiarum expositio". In: MIGNE, J.P. (ed.). *Patrologia Graeca*. Vol. 40. Paris 1863, p. 1.085 D.

Que devo fazer quando os pensamentos me importunam?[35]

Os patriarcas monges oferecem toda uma série de conselhos de como se deve lidar com os pensamentos e como se podem dominá-los. Cassiano, principalmente, descreve com detalhes a luta contra os pensamentos, a qual deve ser realizada em várias etapas.

Exame de consciência

No início do combate, encontram-se o exame de consciência e a autoanálise. O monge deve sondar seus pensamentos a fim de ver se a raiz do vício ainda se encontra nele. Ele pode inteirar-se disso de diversas maneiras. Segundo Evágrio, poderíamos reconhecer se existem em nós pensamentos demoníacos a partir das sensações da alma, de nossas conversas e do movimento de nosso corpo[36].

---

35. "Aegyptiorum patrum sententiae". In: MIGNE, J.P. (ed.). *Patrologia Latina*. Vol. 74. Paris, 1878. Três vezes consecutivas, em breve tempo, em forma semelhante: 388, 39 e 40, bem como 389, 52.

36. Cf. PONTICUS, E. "Capita practica ad Anatolium". PG 40, p. 1.246 XLVII. Cf. CASSIANO, J. *Unterredungen...* Parte I, Coll. 9,6.

Portanto, à medida que nós analisarmos nossos estados de ânimo e emoções, nossas conversas e nosso discurso, a postura e gestos de nosso corpo, podemos ver quais pensamentos estão em nós, o que é falso em nossa atitude interior.

Análise de nossas relações com os semelhantes

Cassiano descreve como meio importante para conhecer a nós mesmos e a nossos pensamentos a análise de nossa relação com os semelhantes. Justamente quando nos deixamos irritar por alguém, é uma boa ocasião para aprender a conhecer-nos melhor. Com efeito, Cassiano sabe que sempre deve haver em nós mesmos uma razão quando nos afligimos, e que o outro jamais é culpado sozinho:

> Quando nos afligimos porque alguém nos provoca é que os fundamentos da humildade não são firmes em nós de maneira nenhuma. Então nossa casa treme e vacila até mesmo à menor tempestade duvidosa, até que, por fim, desmorona[37].

> Quando você considera bem a questão, o resultado é o seguinte: nenhu-

---

37. CASSIANO, J. *Unterredungen...* Parte 3, Coll. 18,13.

ma pessoa, por pior que seja, pode ferir-me quando não estou em luta contra mim mesmo em um coração inquieto. Se, porém, me ofendo, não é culpa do ataque de fora. Ao contrário, não estou preparado para suportar algo[38].

Da mesma maneira, conforme um dito dos patriarcas:

O Patriarca Poimen dizia: "Quando um irmão vem até você e você percebe que sua visita não lhe traz qualquer proveito, questione seus próprios pensamentos e reflita que tipo de pensamento era o seu antes de sua entrada e, então, você descobrirá a causa da falha do benefício. Se você fizer isso com humildade e atenção, então você será sem mancha para com seu próximo, na medida em que você carrega suas próprias fraquezas. De fato, quando a pessoa prepara sua posição com cuidado, ela jamais falhará. Com efeito, Deus está perante seus olhos. Quanto me é dado ver, a partir dessa postura, a pessoa obtém o temor de Deus"[39].

_____

38. Ibid., Coll. 18,16.
39. Aforismo 749.

41

O encontro com os outros mostra-nos o que se oculta em nós, onde ainda precisamos lutar contra a raiz dos vícios. Contudo, devemos analisar nosso encontro e nosso relacionamento com os outros. Cassiano sugere que investiguemos nossa consciência no que diz respeito ao nosso relacionamento com os outros. Ele menciona sinais bem concretos mediante os quais podemos descobrir até que ponto os vícios ainda dormitam em nós:

> Quando nós, que vivemos na solidão, acolhemos a vinda ou até mesmo a mais breve estada de irmãos com determinado receio e coração agitado, então sabemos que o estopim da impaciência ainda é bastante forte em nós. Por outro lado, quando esperamos impacientemente a chegada de um irmão e eis que ele, por alguma razão, se atrasa, mesmo que apenas a silenciosa indignação de nosso coração faça resvalar a culpa disso à sua lentidão, e a excitação de uma exagerada expectativa desnorteie nossa mente, a perscrutação de nossa consciência mostrará que os vícios da ira e da tristeza ainda habitam muito bem em nós[40].

---

40. CASSIANO, J. *Unterredungen...* Parte 3, Coll. 18,12.

Cassiano enumera ainda toda uma série de tais sinais. De forma bastante geral, pode-se dizer que cada emoção mostra ainda a existência dos vícios em nós. A análise de nosso relacionamento com os semelhantes conduz-nos não somente a um melhor autoconhecimento, mas também possibilita-nos lidar melhor com os outros. O autoconhecimento impede-nos de atribuir nossas falhas aos outros e, em seguida, de julgá-los. É o que diz um dito dos pais:

> Certa vez, um irmão perguntou a este patriarca: "Por que, de fato, julgo meus irmãos com tanta frequência?" E ele respondeu-lhe: "Porque você ainda não se conhece a si mesmo. De fato, quem se conhece não vê a falha dos irmãos"[41].

Uma vez que os monges, na solidão, não tinham mesmo muito contato com outras pessoas, os autores propõem outros meios para o autoconhecimento. Fontes do autoconhecimento são o trato com as coisas e a análise da reação às contradições que as coisas cotidianas nos proporcionam. Um monge, que por três vezes consecutivas derramara um pouco de água, fez o jarro

---

41. Aforismo 1.011.

em pedaços. Então reconheceu, envergonhado, que a ira que ele queria curar por meio de sua solidão continuava instalada nele[42].

De igual modo, Pafúncio, quando queimou a mão enquanto cozinhava, experimentou que o fogo exterior não está em paz com ele, porque em seus membros

> mora a escória borbulhante da efervescência carnal das faculdades afetivas, que ainda não ferveram até à pureza[43].

A fim de testar em que ponto ele está na luta contra o vício, o monge deve imaginar-se em diversas situações e experimentar como reage em tais momentos. Por exemplo, ele deve conjeturar como outra pessoa o ofende, despreza e insulta. No caso, ele deve observar se consegue acatar isso calmamente ou se reage com fortes emoções. Portanto, por meio das situações imaginadas, o monge deve colocar-se à prova, a fim de ver até que ponto ele alcançou a pureza de coração.

---

42. Aforismo 1.136.
43. CASSIANO, J. *Unterredungen...* Parte 2, Coll. 15,10.

A função terapêutica dos semelhantes

O imaginar-se em situações desagradáveis e provocadoras não serve apenas à autoavaliação, mas também à cura dos vícios. O monge deve colocar-se em tais situações difíceis para levar-se interiormente à postura justa. Cassiano escreve:

> Quando alguém, portanto, em razão da característica que descrevemos anteriormente, percebe e reconhece que fica abalado pela confusão da impaciência e da ira, deve exercitar-se na contradição: na medida em que ele se imagina de tal modo todo tipo de insultos e de perdas, como se outrem lhos tivesse infligido, ele deve acostumar sua mente a permanecer exposta em perfeita humildade ao que a maldade possa fazer-lhe. De coração ferido deve refletir sobre com que tipo de benevolência ele deve suportar tais coisas, enquanto frequentemente imagina para si tudo o que é árduo e insuportável[44].

A razão por que devemos imaginar-nos em situações aflitivas e desagradáveis é a descoberta de nossas fraquezas, o que se mostra ao

---

44. Ibid. Parte 3, Coll. 19,14.

mesmo tempo já como remédio para nossas falhas. Cassiano escreve:

> Quanto mais frequentemente a impaciência vem à tona e provoca naqueles que ela venceu um remorso bastante longo, tanto mais rapidamente ela traz a cura aos que dela padecem. Por conseguinte, também nós, que vivemos na solidão, onde o estopim e o material para a irritação não podem provir das pessoas, devemos mais do que nunca e propositadamente imaginar-nos o que é provocante, a fim de que nos seja concedida tanto mais rapidamente a cura, quando nos encontramos em um constante combate contra os pensamentos[45].

E Cassiano oferece como justificativa:

> Os remédios de um vício devem ser escolhidos da mesma maneira como surgem os sintomas do vício[46].

É o princípio de todos os médicos, de que a ferida deve ser descoberta se quiser ser curada:

> Primeiramente, deve emergir todo o material da doença, somente em seguida pode a cura penetrar[47].

---

45. Ibid., Coll. 19,16.

46. Ibid., Coll. 19,14.

47. CLÍMACO, J. *Die Leiter zum Paradiese*, p. 319.

Cassiano sabe, por experiência, que o combate aos pensamentos frequentemente pode enganar alguém. A pessoa julga que já teria vencido os vícios, e no encontro seguinte com os semelhantes, agita-se.

O encontro com os semelhantes é repetidamente um teste de que o eremita precisa, a fim de não enganar a si mesmo:

> Se um irmão é convocado para a reunião dos irmãos, ... e eis que se dá conta de que seu espírito silenciosamente se agita por causa da menor insignificância, como o mais severo juiz, deve repreender-se pela oculta inquietação das paixões com aqueles tipos extremamente duros de insultos nos quais ele, nos exercícios cotidianos, educou-se à perfeita paciência. Deve fazer-se recriminações, castigar a si mesmo e censurar-se com estas palavras: "Bom homem, então você é assim? Enquanto você treinou no campo de batalha de sua solidão, você se gabou de poder superar todo o mal com ser tão somente valente..."[48]

---

48. CASSIANO, J. *Unterredungen...* Parte 3, Coll. 19,14.

Assim, justamente o relacionamento com os semelhantes é não apenas a fonte do mais profundo autoconhecimento, mas ao mesmo tempo remédio com o qual Cristo cura nossa alma. Em muitos ditos dos padres confrontamo-nos com essa função terapêutica do semelhante, precisamente o semelhante que nos magoa e ofende.

> Um patriarca dizia: "Quando alguém pondera a lembrança·de um irmão que o feriu, ofendeu ou ridicularizou, então ele deveria lembrar-se disso como um médico lhe foi enviado por Cristo, e deveria considerá-lo como um benfeitor. Com efeito, se você se ofende com isso, então é porque sua alma está doente. Efetivamente, se você não estivesse doente, não sofreria. Portanto, você deve agradecer ao irmão, pois graças a ele, agora você conhece sua enfermidade; você deve rezar por ele e acolher tudo o que vier da parte dele como remédio enviado a você pelo Senhor. Por outro lado, caso você se irrite com ele, é como se você dissesse a Jesus: 'Não quero seu remédio: prefiro o pus que se forma em minha ferida'"[49].

---

49. Aforismo XVI 17n: Les sentences, p. 98.

Se você quiser ser curado das medonhas feridas da alma, então deve suportar o que o médico lhe impõe. Quem está doente não gosta de ser amputado ou desinfetado. Ele não gosta de lembrar-se disso; no entanto, convencido de que sem tal tratamento não poderá ficar curado de sua enfermidade, suporta o que o médico lhe impõe. Ele sabe que, mediante um pequeno desconforto, fica livre de uma prolongada doença. Jesus é o médico que zomba de você e lhe causa injustiça; ele o liberta da vanglória. Quem se esquiva de uma provação útil, foge da vida eterna[50].

Não acuso os que me repreendem, mas os chamo de meus benfeitores e não afasto o médico das almas que me traz um remédio humilhante para minha alma impura e zangada[51].

No irmão que me ofende, o próprio Cristo se mostra como meu médico. Cristo mesmo cuida de mim através do irmão. Evidentemente, somente na oração é que reconheço essa função sanadora do irmão. No entanto, somente por meio da oração a ofensa do irmão se torna remédio

50. Aforismo XVI 17n: Les sentences, p. 98.
51. Aforismo XVI 17n: Les sentences, p. 99.

49

para mim. À medida que falo com Cristo sobre o irmão que me faz sofrer, descubro que o próprio Cristo quer fazer-me sofrer a fim de curar-me de meu orgulho. Sem esse relacionamento orante com o irmão, a única coisa que o insulto desperta é minha ira.

O confronto com os pensamentos

O monge não pode evitar a luta com seus pensamentos, reprimindo-os. Quem reprime seus pensamentos não encontra sossego. Ao contrário, os pensamentos devem ser vencidos. Assim escreve Cassiano:

> O que apenas a muito custo pode ser reprimido garante a quem luta, por certo, durante algum tempo, uma trégua, mas nenhuma paz duradoura na segurança depois do combate. Aquilo, porém, que é vencido mediante virtude profundamente enraizada, transmite ao vencedor – sem o mínimo traço de inquietude no confronto – paz permanente[52].

---

52. CASSIANO, J. *Unterredungen...* Parte 3, Coll. 12,10.

A vitória sobre os pensamentos é, certamente, para o monge, a meta a que ele visa. Agora, porém, resta-lhe o conflito com os pensamentos, algo que ele tem de enfrentar diariamente. Alguns julgam poder evitar esse conflito à medida que não permitem que os pensamentos se aproximem. Todavia, o Abade Poimen mostra que isso não é possível, mas que temos de lutar:

> Um irmão veio ao Patriarca Poimen e disse: "Pai, tenho diversos pensamentos e, por meio deles, incorro em perigo". O patriarca levou-o para fora e disse-lhe: "Espalhe seu manto e segure o vento!" Ele respondeu: "Não me é possível". Então disse-lhe o velho: "Se você não é capaz disto, então não é também capaz de impedir que seus pensamentos o acometam. No entanto, é sua tarefa resistir a eles"[53].

O conflito com a escuridão amadurece o monge. As paixões têm em si uma força positiva que o monge deve utilizar. Assim, o Abade José sugere a seu discípulo que ele deveria permitir serenamente que as paixões se manifestassem nele e somente em seguida combatê-las. Como

---

53. Aforismo 602.

justificativa ele oferece sua própria experiência que, em todo caso, não é útil para qualquer um:

> Quando as paixões se manifestam e você a elas dá e delas tira, então elas o farão mais experimentado. Contudo, eu lhe falei como a mim mesmo. Há outros, porém, aos quais não é útil que as paixões neles se manifestem. Precisam removê-las imediatamente"[54].

O significado e a função positivos da obscuridade para a consecução da pureza de coração manifesta-se também na alta estima que os monges têm para com as tentações.

> Elimine as tentações, e já não há quem alcance a salvação[55].

Com outras palavras, diz Antônio mais uma vez:

> A grande obra do ser humano é que ele eleve seus pecados diante da face de Deus, e que conte com a tentação até o último suspiro[56].

Por meio das tentações, o monge estabiliza-se interiormente. Assim escreve Evágrio:

---

54. Aforismo 386.
55. Aforismo 5.
56. Aforismo 4.

> Tal como o alimento para um corpo sadio, assim a tentação para uma alma corajosa. O vento do norte fortalece as plantas e as tentações consolidam a alma[57].

A tentação não nos afasta de Deus, mas nos torna mais familiarizados com Ele. Com efeito, na tentação experimentamos um aspecto de Deus até agora desconhecido para nós. Assim escreve Isaque de Nínive:

> Sem tentação, não percebemos o cuidado de Deus para conosco, não adquirimos confiança nele, não aprendemos a sabedoria do Espírito e o amor de Deus não se consolida na alma. Diante das tentações, o ser humano ora a Deus como um estranho; no entanto, depois que ele, por amor a Deus, superou a tentação, sem deixar-se transtornar por ela, mais tarde contempla a Deus como quem lhe emprestou e tem direito de receber juros, e como um amigo que, por causa dele, lutou contra o poder do inimigo[58].

---

57. NILUS. "Über die acht Geister der Bosheit" [Acht Gedanken XIII, 1].

58. NÍNIVE, I. *Ausgewählte Schriften der syrischen Kirchenväter*, p. 329.

Cassiano chama de ambidestras pessoas que sabem lidar tanto com seus pontos positivos quanto com seus negativos. Quem torna fecundo para si o que lhe é desfavorável, portanto, o que lhe está à esquerda, mediante o uso correto, usa a mão esquerda como a direita. O lado esquerdo, para Cassiano, são as tentações, os desejos, as paixões, os vícios. O monge não deve deixar-se levar ao desespero pelas tentações, mas na verdade combatê-las; mas *"das contradições [deve] forjar para si as armas da paciência para o exercício da virtude"*[59].

Evágrio demonstra como o ser humano pode usar positivamente até mesmo os vícios. De fato, diz ele, pode-se expulsar um demônio com outro. Assim, pode-se enxotar o demônio da luxúria com o do orgulho, pois ambos

---

59. CASSIANO, J. *Unterredungen...* Parte I, Coll. 6,10: "Portanto, aquele que sempre do lado direito, como acabamos de descrever, também na mais ínfima fama emergente, não se torna arrogante, e do lado esquerdo, lutando valorosamente, não desmorona sob renúncia alguma, mas, ao contrário, das contradições tira para si armas seguras da paciência para o manuseio da virtude, estará usando ambas as mãos como a mão direita. Transformado em vencedor pelo uso de ambos os lados, conquistará a palma da vitória tanto do combate à esquerda quanto daquele à direita."

se contrapõem. Destarte, usa-se positivamente a força que existe neste pensamento demoníaco.

> O demônio da vanglória contrapõe-se ao demônio da luxúria. E não pode acontecer que ambos, ao mesmo tempo, tenham acesso à alma. Com efeito, aquele promete glória, este leva à vergonha. Portanto, quando um destes dois aparecer e importunar você, cultive em si os pensamentos do demônio contrário. E quando, por assim dizer, você consegue empurrar para fora a chave com a chave, saiba, então, que você está perto da acedia (insensibilidade às paixões – para Evágrio, expressão da pureza de coração). Pois sua mente é capaz de, mediante pensamentos humanos, aniquilar o demônio[60].

Claro que, para Evágrio, o nível mais elevado é quando a pessoa expulsa o vício mediante a virtude, vence o orgulho por meio da humildade. No entanto, com frequência ela é muito fraca para isso. Então, é-lhe mais útil servir-se da ajuda de um vício a fim de afastar a tentação

---

60. PONTICUS, E. "Capita practica ad Anatolium". PG 40, p. 1247 LVIII.

mediante outro. Isso vale também para a oração. Assim diz Evágrio:

> Quando você é tentado, você não pode rezar antes que tenha lançado palavras cheias de ira contra o importunador. De fato, quando sua alma está ocupada com pensamentos, ela não pode produzir nenhuma oração pura. Quando você, irado, diz algo contra os pensamentos inimigos, você os expulsa e aniquila-os. Desse modo, portanto, a ira consegue melhorar os pensamentos[61].

Por meio da ira, a emoção que jaz nos pensamentos tentadores é expulsa por meio de outra emoção, e somente então a alma, livre de afetos, é capaz de rezar a Deus com um coração puro. A alma precisa, ao mesmo tempo, primeiramente descarregar-se de suas emoções para poder rezar. Caso rezasse imediatamente em tais casos, ficaria sobrecarregada e as emoções interromperiam constantemente a oração. Qual meio seja precisamente bom para a pessoa, ou lhe é dito por seu pai espiritual ou ela aprende, com o tempo, por meio da própria experiência. E para identificar,

---

61. Ibid., p. 1.230 XXX.

a cada vez, o meio adequado para mim e para o outro, é preciso ter o discernimento dos espíritos, uma graça que Deus concede a pessoas experientes.

Exame e organização dos pensamentos

Paralelamente ao combate e ao confronto com os maus pensamentos, os monges conhecem ainda outro meio de lidar com os pensamentos. Nos aforismos, algumas vezes se fala que seria preciso examinar e ordenar os pensamentos para ter domínio de si. Narra-se a respeito do Abade Poimen:

> Quando ele queria ir para a reunião litúrgica, então sentava-se completamente sozinho e examinava seus pensamentos durante mais ou menos uma hora. E depois ia-se embora[62].

Evágrio descreve como o monge deve examinar seus pensamentos:

> Ele deve observar seus pensamentos, perceber-lhes a duração, intervalo, envolvimento e conexões, seus tempos, e quais demônios os provo-

---

62. Aforismo 606.

cam. Em seguida: que demônio segue qual, quem não acompanha quem. E pedir a Cristo para descobrir as causas e as razões deles[63].

Também aqui nos deparamos com a oração como caminho para o verdadeiro autoconhecimento. A partir de Cristo, em diálogo com ele, o monge deve sondar seus pensamentos e indagar sobre suas causas. Não o conhecimento psicológico, mas a verdadeira oração é que o conduz ao autêntico autoconhecimento. A oração impede que o exame de consciência se torne um girar em torno de si mesmo. Nos monges, o exame de consciência não conduz a um beco sem saída, não os leva ao exagero, mas os faz desembocar sempre de novo na oração. A análise de si mesmo está a serviço da oração, e ela se realiza em toda a sua agudeza somente na oração. Em diálogo com Deus, o monge descobre onde ele mesmo se encontra, o que nele se oculta, até que ponto continua sendo dominado e marcado pelos vícios e quão distante ainda se encontra de Deus.

Após a análise dos pensamentos, vem a terapia, o pôr em ordem. Como o monge pode

---

63. PONTICUS, E. "Capita practica ad Anatolium". PG 40, p. 1230 XXXI.

ordenar seus pensamentos e, mediante isso, harmonizar-se interiormente, mostram dois aforismos que, ao mesmo tempo, representam dois métodos diferentes que os monges praticam:

> Conta-se a respeito do Patriarca João: certa vez, no Deserto da Nítria, quando ele foi à igreja e ali ouviu como os irmãos litigavam entre si, voltou para seu pequeno mosteiro. Rodeou-o por três vezes, e somente então entrou. Alguns irmãos que haviam observado isso, mas não conseguiam explicar-se por que ele fizera isso, vieram até ele e perguntaram. Ele, porém, respondeu: "Meus ouvidos estavam cheios de pendengas; por esta razão, andei em volta, a fim de purificá-los, de modo que pudesse sossegadamente entrar em meu pequeno mosteiro"[64].

> Conta-se a respeito do Patriarca João que quando ele regressava do trabalho da colheita ou de uma reunião com os anciãos, primeiramente reservava um tempo para a oração, contemplação e recitação do saltério, até que seu pensamento estivesse de volta à antiga ordem[65].

---

64. Aforismo 340.
65. Aforismo 350.

O método do primeiro aforismo é o caminho do desprender-se, do libertar-se dos pensamentos. Por meio do andar, João purifica-se dos pensamentos. Ele já não se ocupa com eles, mas simplesmente os deixa fluir. Esse é o caminho do silêncio, reiteradamente recomendado pelos monges. Muita coisa é curada não por meio de análise ou de descoberta, mas simplesmente por meio do desprender-se e do silêncio. O silêncio é sinal de humildade, de que não podemos resolver tudo, de que não podemos conhecer e ordenar tudo corretamente. Diversos ferimentos só se curam por meio do silêncio. Desse modo, os ditos dos padres repetidamente aconselham-nos o silêncio como o método para sermos libertados de atitudes interiores falhas. À pergunta: O que devo fazer?, respondeu Besarion a um irmão:

> Silencie e não meça forças com os outros![66]

O Abade Poimen constata:

> A vitória sobre qualquer tormento que lhe advenha é o silêncio[67].

---

66. Aforismo 165.
67. Aforismo 611.

No silêncio, o monge não quer investigar tudo, também não quer saber de Deus os motivos para seus tormentos. No silêncio, ele se desvencilha do mundo, não se imiscui nos negócios deste mundo, nem nas pendengas das pessoas. Torna-se alheio ao mundo, a fim de tornar-se aberto para Deus. Não faz nenhum comentário a respeito dos acontecimentos deste mundo, não julga, solta-se das coisas e dos negócios do mundo. Para os monges, o silêncio torna-se sinal de sua saída do mundo, do seu estar distanciados. Peregrinação e silêncio são equiparados.

Peregrinação é silêncio[68].

À pergunta sobre o que seria a peregrinação, responde Pistos:

> Silencie e diga em todo lugar aonde você chegar: isto não me diz respeito, esta é a vida em terra estrangeira[69].

O desprender-se do mundo e de todos os pensamentos que ligam o monge ao mundo está

---

68. "Verba Seniorum". In: MIGNE, J.P. (ed.). *Patrologia Latina*. Vol. 73. Paris 1879, p. 1051, XXXII, 4. • "Aegyptiorum patrum sensentiae". In: MIGNE, J.P. (ed.). *Patrologia Latina*. Vol. 74. Paris, 1878, p. 391,72.

69. Aforismo 776.

a serviço da dedicação a Deus. E a dedicação a Deus é, para os monges, o verdadeiro remédio com o qual eles ordenam seus pensamentos. Em contraposição ao método negativo do desprender-se no silêncio, aqui se aponta o caminho positivo da oração. João põe em ordem seu pensamento por meio da oração, da contemplação e da recitação do saltério. Portanto, ele preenche sua mente com bons pensamentos a fim de deixar-se harmonizar por eles. Esse método é o mais frequentemente recomendado. Cassiano justifica-o com o fato de que sempre teríamos pensamentos e que seria importante, pois, ocupar nossa mente com o divino:

> Em grande parte, depende de nós se a consistência de nossos pensamentos torna-se melhor ou se em nosso coração crescem os [pensamentos] santos e espirituais ou os terrenos e carnais. Justamente por isso, são empregados, a miúdo, a leitura e a reflexão constante sobre a Sagrada Escritura, a fim de que, partindo daí, seja-nos dada a possibilidade de um tesouro de lembranças espirituais[70].

---

70. CASSIANO, J. *Unterredungen...* Parte I, Coll. 1,17.

Como fundamentação, ele adianta que a mente necessariamente deveria ocupar-se com pensamentos e que ela se transforma no que lhe for oferecido[71].

Oração e leitura, portanto, são meios de melhorar e purificar os pensamentos e, com eles, a mente. Assim está dito em um dos aforismos dos padres:

> A oração incessante em pouco tempo melhora a mente[72].

Para Isaque de Nínive, o pensamento em Deus é o meio eficaz para purificar a mente[73].

Por conseguinte, os monges recomendam pensar constantemente em Deus. Certamente não seria possível produzir sempre novos pensamentos piedosos, o que também nem seria necessário. No entanto, a mente poderia sempre ocupar-se com palavras da Escritura. Os monges falam de ruminação, a *ruminatio*. Assim como a vaca rumina constantemente seu alimento,

---

71. Cf. ibid., Coll. 1,5.

72. Aforismo 1128.

73. Cf. AMMANN, A.M. *Die Gottesschau im palamitischen Hesychasmus*. Würzburg, 1948, p. 129.

igualmente deve o monge fazer com a Palavra de Deus. Macário aconselha:

> Faça como o animal, que refluxa novamente o alimento para a boca e experimenta o prazer da ruminação, até que permite o alimento voltar ao estômago e, através disso, o bem-estar jorra de todo o seu interior. Você não percebe brilhar a satisfação na cara dele com essa agradável experiência?[74]

À medida que o monge permite que a Palavra de Deus repetidamente regurgite nele e a repita constantemente a murmurar, ele experimenta o bem-estar em todo o corpo, sente como a palavra de Deus o cura. Ao fazer isso, não é importante que ele perscrute a palavra com seu entendimento, mas que a deixe cair em seu coração, que a acolha em seu corpo, a fim de saboreá-la e degustá-la como remédio que Deus lhe oferece. Por meio da ruminação da Palavra de Deus, muitos vícios são curados. Mediante a constante oração, lentamente o monge alcança a pureza de coração.

---

74. DIETZ, M. & SMOLITSCH, I. *Kleine Philokalie*. Einsiedeln, 1956, p. 28s. Cf. tb. RUPPERT, F. "Meditatio, Ruminatio – Zu einem Grundbegriff christlicher Meditation". *Erbe und Auftrag*, fasc. 53, 1977, p. 83-93.

Os monges conhecem, portanto, ambos os polos: a descoberta e a escondedura. Por meio de um exame de consciência radical e da perscrutação de seus pensamentos eles descobrem do que padecem. Essa descoberta já é o primeiro passo da cura. Em seguida, porém, eles recorrem repetidamente ao meio tranquilizador e protetor da oração. A oração enche a pessoa com pensamentos divinos e nesses pensamentos, cura-a. Os monges expõem sua situação, mas também sabem que nem tudo deve ser descoberto. Eles confiam mais na força sanadora da oração, mediante a qual também pode ser curado aquele a quem a análise dos próprios pensamentos torna-se pesada.

A oração, em todo caso, já envolve em si análise e terapia. O monge conhece-se na oração e esta, ao mesmo tempo, cura-o.

A réplica de Evágrio Pôntico é um bom exemplo deste íntimo nexo entre análise e terapia. Evágrio descreve os diversos pensamentos que os vícios provocam na pessoa. E contra cada pensamento ele sugere um contrapensamento, uma palavra da Escritura que o monge deve reiteradamente recitar, a fim de vencer o pensamento do vício e libertar-se dele. Alguns exemplos, tirados da rica coletânea que enumera, para cada um dos oito vícios, mais de sessenta pensamentos e contrapensamentos, bastam para ilustrar o assunto:

> Contra o pensamento que exige saciar-se com comida e bebida, e que considera que disso não resultaria nada de mau para a alma [diz] Dt 32,15: E Israel engordou e desprezou e abandonou seu Deus, que o formara, e profanou o Forte que o salvara[75].

> À alma que acredita que os pensamentos da luxúria seriam mais fortes do que os mandamentos de Deus, que nos foram dados para o enfraquecimento desta paixão, [diz] o Sl 18,43: Eu os reduzo como a poeira no vento, eu os piso como ao barro das ruas[76].

> Contra pensamentos que nos levam à confusão, visto que nossos irmãos no mundo são ricos e por causa de sua riqueza são respeitados por todos,

---

75. PONTICUS, E. *Die grosse Widerrede (Antirrhetikos)* – Quellen der Spiritualität. Vol. 1. 2. ed. ampl. Münsterschwarzach, 2012, p. I, 6 [Trad. de Leo Trunk; Introd. de Anselm Grün e Fidelis Ruppert].

76. Ibid., p. II, 26.

[diz] o Sl 34,3: No Senhor minha alma encontrará aplauso[77].

Contra o demônio que me apresenta os pecados de minha juventude [diz] 2Cor 5,17: Se alguém está em Cristo, é nova criatura. Passaram-se as coisas antigas; eis que se fez realidade nova[78].

Contra o pensamento da alma que logo se inflama de ira e rapidamente se enfurece contra os irmãos [diz] Ecl 7,9: Que teu espírito não se apresse em ficar irritado, pois a irritação frequenta os insensatos[79].

À alma que, por sua relutância caiu e está cheia de pensamentos de tristeza [diz] o Sl 42,6: Por que te curvas, ó minha alma, gemendo dentro de mim? Espera em Deus, eu ainda o louvarei, a salvação da minha face e meu Deus![80]

Contra o pensamento da vanglória, que prefere doutrinar os irmãos nos mandamentos de Deus, em vez de cumpri-los [diga] Mt 5,19: Aquele,

---

77. Ibid., p. III, 18.
78. Ibid., p. IV, 73.
79. Ibid., p. V, 29.
80. Ibid., p. VI, 20.

portanto, que violar um só desses menores mandamentos e ensinar os homens a fazerem o mesmo, será chamado o menor no Reino dos Céus. Aquele, porém, que os praticar e os ensinar, esse será chamado grande no Reino dos Céus[81].

Ao Senhor, por causa do pensamento do orgulho, que rechaça o auxílio de Deus, mas atribui a vitória às próprias forças [diz] o Sl 44,7: Não colocamos nossa esperança em nossos arcos nem em nossas armas, pois tu nos salvarás. Tu nos libertaste dos que nos odeiam e envergonhaste nossos inimigos[82].

A revelação dos pensamentos

Outro meio para dominar os pensamentos maus é revelá-los ao pai espiritual. Para São Bento, o quinto grau da humildade consiste em revelar ao abade os maus pensamentos. Com isso, ele recorre à tradição que desde Antônio se difundiu em todo o monaquismo. Cassiano fundamenta essa prática dizendo que um mau pensamento, tão logo seja revelado, perde sua força.

---

81. Ibid., p. VII, 29.
82. Ibid., p. VIII, 25.

Assim que a escuridão é arrastada para a luz, ela perde sua periculosidade. Ela só nos é nociva enquanto permanecer oculta em nosso coração[83].

Mediante a exposição de seus maus pensamentos a um confrade, o monge experimenta paz interior. Na biografia de Antônio, Atanásio leva o abade a dar o seguinte conselho:

> Cada um de nós deve observar e anotar as ações e emoções da alma, como se as quiséssemos partilhar uns com os outros. Estejam convencidos de que nós, quando geralmente temos receio de ser descobertos, paramos de pecar ou de sequer pensar algo mau. Com efeito, quem quer ser visto quando peca? Ou quem não prefere mentir, quando pecou, visto que quer permanecer oculto? Assim como nós, se nos víssemos mutuamente, não praticaríamos a incontinência, assim também, quando anotamos nossos pensamentos, como se os devêssemos partilhar uns com os outros, ficaremos precavidos contra pensamentos imundos, pois temos receio de nos tornar conhecidos. A anotação deve substituir os olhos dos coascetas, a fim de que nem ao me-

---

83. Cf. CASSIANO, J. *Unterredungen...* Parte I, Coll. 2,11.

nos pensemos algo mau, pois ficamos ruborizados ao escrever como se fôramos vistos. Se assim nos educarmos, podemos submeter o corpo e agradar ao Senhor, frustrando, porém, a astúcia do inimigo[84].

Quando se considera o que significava escrever para as pessoas daquele tempo, então se compreende verdadeiramente o que Antônio aconselha aqui:

O monge deve materializar fora seus pensamentos obscuros e lidar com eles, desnudá-los tão radicalmente que ele, ao fazer isso, fique ruborizado. À medida que ele põe para fora de si os pensamentos, consegue a distância necessária para ocupar-se com eles em liberdade e assim vencê-los. Caso os pensamentos obscuros não sejam revelados, eles se tornam cada vez mais prementes e, por fim, conduzem às obras correspondentes:

Tal como os ovos dos pássaros, quando não conservados aquecidos no lixo, tornam-se fecundos e produzem filho-

---

84. ATANÁSIO. *Leben des heiligen Antonius* – Bibliothek der Kirchenväter, Série I, vol. 31. Munique, 1917, p. 742s. [Trad. de Anton Stegmann e Hans Mertel].

tes, assim produzem ações os pensamentos, quando não são tirados do escondimento do coração e não vêm à luz[85].

O monge tem três possibilidades de expor seus pensamentos: ele pode expressar os pensamentos diante de Deus, na oração, anotá-los ou revelá-los a seu pai espiritual. Essas três possibilidades são consideradas pela maioria como o meio mais eficaz.

2.3 Caminhos não ascéticos

Até aqui, descrevemos somente exercícios ascéticos e piedosos como remédios contra os vícios e, portanto, como caminhos para a pureza de coração. Contudo, um sinal da profunda experiência de vida que se oculta nas indicações dos monges é que todos esses meios piedosos são relativizados, que às vezes é recomendado justamente o contrário disso. Por vezes, os monges recorrem a meios puramente humanos. Assim diz Clímaco:

---

85. CLÍMACO, J. *Die Leiter zum Paradiese*, p. 322.

Às vezes, uma suave melodia é o melhor remédio para a supressão e pacificação da ira[86].

E em resposta ao desafio de persistir na cela e não fugir para fora quando da investida dos pensamentos, Antônio pode também aconselhar:

Quando você for acometido por pensamentos que o importunam, e você não se sentir capaz de afugentá-los, saia ao ar livre e eles se afastarão de você[87].

Cheio de admiração, Clímaco constata que, com frequência, não a ascese, mas justamente o contrário, influencia positivamente o ser humano e o conduz à pureza de coração:

Se vivermos para nós mesmos, tornamo-nos insensíveis; se vivermos juntamente com outros, então somos afligidos na consciência. Estamos extenuados pela fome, temos tentações durante o sono, estamos saciados, ficamos livres disso. Impomo-nos rupturas, ficamos obscurecidos e não temos nenhum sentimento de penitência e de arrependimento; mas se tomamos vinho, então ficamos ale-

86. Ibid., p. 147.

87. Aforismo Am 35,10: Les sentences, p. 147.

gres e totalmente dispostos a praticar a penitência[88].

Em seguida, Clímaco indica um meio pelo qual podemos reconhecer o que é justamente bom para nós, ascese ou seu contrário:

> A fim de ter um discernimento correto nestes casos em que certamente não é nada fácil decidir, precisamos rezar a Deus constantemente com um coração sincero. Se, em seguida, descobrirmos que, depois da oração, continuamos a fazer o que fizemos antes da oração, então podemos ousadamente presumir que isso não se origina do diabo, mas da natureza. É que, com frequência, a providência divina quer fazer-nos o bem justamente por meio do oposto ao que nos parece bom, na medida em que ela, em tudo, restringe o orgulho de nossa natureza[89].

E em outra passagem ele apresenta a razão disso, dizendo que Deus cura precisamente por meio do contrário de nossos meios monásticos,

> para que nós não confiemos em nós mesmos, mas em Deus, que aniquila

---

88. CLÍMACO, J. *Die Leiter zum Paradiese*, p. 305.

89. Ibid., p. 305s.

esta nossa carne vivente de maneira desconhecida por nós[90].

Também aqui, a pessoa descobre, na oração, o que lhe é proveitoso. O caminho para a pureza de coração não é um programa fixo, com etapas e técnicas bem determinadas, nenhum programa a que o monge deva submeter-se. Ao contrário, o monge encontra o caminho para a pureza de coração em constante diálogo com Deus. A partir de Deus, ele descobre quais meios deve empregar, ascéticos ou humanos, físicos ou mentais, se deve deixar passiva ou ativamente que algo lhe aconteça. A partir deste diálogo com Deus, o caminho para a pureza de coração adquire certa amplidão, não se torna via de mão única que todos devem seguir, mas em uma variedade de caminhos, adaptados para cada indivíduo. Cada um tem seu caminho a seguir, de todo o coração e sinceramente. Dado que, das instruções dos autores monásticos, brotam a experiência e a sabedoria, eles não polemizam contra outros métodos e caminhos. Eles sabem que Deus pode, de diversas maneiras, conduzir o ser humano à pureza de coração, e que o que importa é seguir completamente o caminho que Deus lhe indica.

---

90. Ibid., p. 298.

3
Sinais da pureza de coração

Quando um monge, por anos a fio, esforçou-se em busca da pureza de coração, isso também se torna visível exteriormente. Listam-se diversos sinais de que alguém alcançou a pureza de coração ou dela se aproximou. Um desses sinais é que a pessoa não julga seus confrades. O exato conhecimento de si mesmo, que ele adquiriu no embate pela pureza de coração, impede-o de julgar os irmãos. Assim, o não julgar torna-se não somente um caminho para a pureza de coração, mas também um sinal de que foi alcançada. Em vez de julgar, o monge suporta os pecados dos outros e encobre-os, a fim de curá-los por meio de sua bondade. Assim, se diz do Patriarca Macário:

> Conta-se do Patriarca Macário o Grande que ele, como se diz na Escritura, era um deus sobre a terra. Com efeito, assim como Deus cobre protetoramente, assim o Patriarca Macário encobria as fraquezas que ele via como se não as visse, e o que ele ouvia, como se nada ouvisse[91].

---

91. Aforismo 485.

Os aforismos descrevem o relacionamento com feras selvagens como sinais para a pureza de coração. Para quem venceu em si mesmo, a escuridão, o mal e o perigoso, até as feras selvagens também perdem sua periculosidade. Assim, se diz do Abade Paulos:

> O Abade Paulos pegava víboras-cornudas e serpentes com as mãos e as partia ao meio. Os irmãos prostravam-se diante dele e diziam: "Diga-nos que esforços você fez para alcançar esta graça!" Ele respondia: "Perdoem-me, padres: quando alguém conseguiu a pureza de coração, submete tudo a si, como Adão no paraíso, antes de desobedecer ao mandamento"[92].

Outros sinais da pureza de coração são a paz e a serenidade interiores. Quem conhece a si mesmo e superou seus vícios, é sereno de coração. Visto que o mundo e suas novidades já não lhe interessam, elas não podem inquietá-lo. Os insultos dos seus semelhantes não atingem sua honra. Uma profunda humildade preserva-o de toda agitação. Uma vez que o monge já nada mais quer para si, as coisas deste mundo já não o podem irritar. Tendo se desprendido, está tranquilo. Tendo abandonado o mundo e a si

---

92. Aforismo 791.

mesmo, pode encontrar em Deus sua serenidade e segurança, e uma profunda paz.

Uma pessoa que alcançou a pureza de coração, já em sua aparência revela seu estado interior. Assim, Atanásio descreve Santo Antônio:

> Sua constituição interior era pura. Com efeito, nem se tornara mal-humorado nem privado de sua alegria pelo desânimo, tampouco precisava lutar contra o riso ou a timidez. De fato, a visão da grande multidão não o deixava confuso, mas também não se notava nenhuma alegria pelo fato de ser saudado por tantas pessoas. Ao contrário, era completamente harmonizado, guiado ao mesmo tempo por sua reflexão e seguro em seu jeito peculiar[93].
>
> Não era pela altura ou pelo porte vigoroso que ele se distinguia dos demais, mas pelo seu jeito de ser e pela pureza de sua alma. Estando cheio de paz, também seus sentidos exteriores estavam em equilíbrio. A serenidade da alma imprimia também em sua face a marca da alegria e, inversamente, pelos movimentos de seu corpo, percebia-se e entrevia-se a constituição da alma[94].

---

93. ATANÁSIO. *Leben des heiligen Antonius*, p. 705.
94. Ibid., p. 753.

Semelhantemente, diz João Clímaco a propósito de uma pessoa pura:

> Quando, porém, a pessoa está toda purificada com o amor divino e, por assim dizer, nele se eleva, eis que também transparecem exteriormente em seu corpo a limpidez e a serenidade de sua alma, que também nela se espelha[95].

A pessoa que se conhece e que venceu em si seus vícios pode então tornar-se médico dos outros:

> De fato, ele [Antônio] era um médico que Deus enviara ao país do Egito. Efetivamente, quem vinha até ele triste, que não voltasse cheio de alegria? Quem vinha a chorar por causa de seus mortos, que não esquecesse imediatamente seu sofrimento? Quem vinha irado sem que não fosse persuadido à amizade? Quem vinha pobre e desanimado e que, depois de tê-lo visto e ouvido, não desprezasse a riqueza e não se consolassem em sua pobreza?... Quem vinha até ele, tendo sido atormentado por um demônio, sem que não encontrasse o sossego? Quem ia torturado por dúvidas, que não encontrasse a serenidade da alma?[96]

---

95. CLÍMACO, J. *Die Leiter zum Paradiese*, p. 371.
96. ATANÁSIO. *Leben des heiligen Antonius*, p. 770s.

4
O caminho para a pureza de coração como desafio para nós

Procuramos reproduzir o caminho que os monges percorreram a fim de alcançarem a pureza de coração. Era o caminho de pessoas que se retiraram para o deserto para buscar somente a Deus. Poder-se-ia dizer que, com o monaquismo do deserto, o caminho deles também teria se tornado apenas passado, interessante como pesquisa histórica, mas justamente não mais viável para nós, homens e mulheres do século XX. Hoje em dia, dificilmente podemos lutar pela pureza de coração de modo tão radical quanto os ermitões ao redor do Patriarca Antônio. No entanto, a meta subsiste para nós. E os caminhos que os monges percorreram podem também ser para nós indicações para nossa busca de Deus e nos dizem algo essencial quanto ao tema "oração e meditação".

4.1 Oração e ascese

As exposições sobre os meios que os monges empregaram em sua luta pela pureza de coração demonstraram claramente que existe uma ligação essencial entre oração e ascese. Hoje em dia, corre-se o risco de negligenciar este nexo. Certamente se quer experimentar Deus, anseia-se por vivenciá-lo, mas dificilmente se está disposto a seguir o duro caminho da ascese, de afastar de si os obstáculos que se contrapõem à experiência de Deus. Queixa-se frequentemente da perda da experiência de Deus e vê-se a causa principalmente na secularização de nosso ambiente. Contudo, com frequência ignoramos as verdadeiras causas: nossa própria mundanização, nossos pecados, nossa impureza de coração.

Ninguém que pretenda experimentar Deus é poupado de esforçar-se pela pureza de seu coração. Amiúde se tem a impressão de que, na base da busca hodierna pela experiência de Deus, jazem motivos egoístas. Quer-se tirar proveito de Deus. Deseja-se experimentar Deus a fim de sentir-se bem interiormente, para expandir sua consciência. Deseja-se rebaixar Deus para si, em vez de deixar-se elevar por Deus.

Os monges tinham ainda uma profunda consciência da distância entre Deus e o ser humano, da contraposição entre Deus e o pecado. Desse modo, o olhar deles permanecia sempre voltado para combater as posturas pecaminosas em relação a Deus, e isso com meios bastante ásperos, a fim de abrir-se para Deus.

Ao lado do desejo de experimentar Deus, muitas pessoas anseiam por serenidade e sossego. E elas tentam, mediante técnicas de relaxamento, passar à serenidade e à calma interiores. Essas técnicas (p. ex. o treinamento autógeno) efetivamente levam ao relaxamento e à tranquilidade.

Contudo, também aqui só encontra serenidade duradoura quem muda sua postura interior. Quem quiser aprender as técnicas, a fim de querer alcançar o sossego quando bem entender, quem pretende, portanto, por meio disso, apoderar-se da serenidade interior, logo se decepcionará.

Os monges sabiam que a verdadeira paz só pode ser paz em Deus, que só encontra paz interior duradoura quem alcançou a pureza de coração, quem venceu suas atitudes falhas e seus vícios. Desse modo, os monges conscientizam-nos de que a capacidade para a autêntica oração e para o recolhimento e a serenidade, no final das contas, não é uma questão de técnica, mas uma questão de postura moral.

Os monges apontam a oração como o meio preferencial no caminho para a paz interior e para a serenidade. Certamente não rezamos para acalmar-nos interiormente, mas rezamos para falar com Deus e, no diálogo com Ele, adequar-nos a Ele. Mas, justamente por meio do diálogo sincero com Deus, experimentamos uma profunda paz e harmonia, uma paz duradoura, certamente, porém, se estivermos dispostos a deixar-nos corrigir por Deus.

4.2 Oração e autoconhecimento

Em conexão com o movimento de meditação, irrompeu também uma profunda busca de autoconhecimento. Ao lado das formas de meditação, são oferecidos diversos métodos psicológicos e sociológicos visando ao autoconhecimento. Com frequência, a meditação é utilizada apenas para apoiar os métodos psicanalíticos e as dinâmicas de grupos para o autoconhecimento. A conjunção da busca pela experiência de Deus com o autoconhecimento mostra que não se pode ter uma sem o outro. Os monges tinham consciência dessa conexão. E o método deles poderia prevenir-nos de tantos descaminhos que muitos hoje julgam dever seguir.

Os patriarcas eram os psicólogos de seu tempo. Possuíam profundo conhecimento humano. Tal conhecimento, porém, não brotava de estudos psicológicos, mas da oração, do diálogo com Deus. Na oração, ambos os polos ficam à vista: Deus e o ser humano, com todos os seus sentimentos e pensamentos, seus desejos e projetos. E diante de Deus, o ser humano, antes de mais nada, pode verdadeiramente reconhecer-se, e só então pode avaliar corretamente seus sentimentos e pensamentos.

Esse autoconhecimento dos monges não tem um fim em si mesmo, mas está a serviço de seu caminho rumo à pureza de coração. Os monges não querem se autoconhecer, a fim de poder compartilhar algo interessante sobre si mesmos, com o intento de afastar os obstáculos que lhes torna impossível fazer uma boa oração e dissimulam Deus.

Visto que o autoconhecimento estava entretecido na busca de Deus, ele nada tinha de estéril narcisismo e não se fixava em um girar em torno de si mesmo. Os monges estimulavam um autoconhecimento radical. Suas palavras são testemunha disso. O caminho deles mostra-nos a profunda experiência psicológica que uma autêntica vida espiritual traz consigo. Os conselhos de alguns patriarcas precedem vários métodos que a psicologia hoje nos oferece: por exemplo, métodos da psicologia comportamental ou da imaginação ativa de um C.G. Jung[97].

Os monges deveriam encorajar-nos a não ceder o conhecimento do ser humano à psicologia, mas confiar na experiência psicológica de uma vida que se esforça pela pureza de coração. O caminho religioso pode conduzir a um conhecimento psicológico mais profundo do que o ocupar-se com conceitos e métodos psicológicos.

4.3 Oração como cura do ser humano

Hoje, oferecem-se diversas terapias. No entanto, esquecemo-nos de que a oração é simplesmente o meio terapêutico. Os monges mostram-nos que a oração pode curar, que ela não oculta tudo sob um manto piedoso, sob o qual a enfermidade continua a proliferar, mas que ela expõe as verdadeiras feridas e as cura de fato. A oração não

---

97. JUNG, C.G. "Die transzendente Funktion". *Gesammelt Werke*. Vol. 8. Zurique, 1967, p. 75-104. • FRANZ, M.L. "Die aktive Imagination in der Psychologie C.G. Jungs". In: BITTER, W. *Meditation in Religion und Psychotherapie*. Stuttgart, 1958, p. 136-148.

é nenhuma técnica com a qual possamos curar a nós próprios, mas nos direciona para Deus, o único que nos pode curar. Quem quiser usar todas as terapias para si mesmo, a fim de melhor se manter, jamais alcançará a autêntica saúde espiritual. Contudo, quem na oração se entrega a Deus, quem na oração expõe suas feridas, a fim de permitir que a palavra sanadora de Deus nelas penetre, tal pessoa experimenta Deus como o verdadeiro médico, em quem nos restabelecemos.

Certamente também aqui os monges nos mostram que a saúde tem algo a ver com a moral. O combate contra nossas atitudes falhas é pressuposto para nossa saúde espiritual. C.G. Jung, o grande psicólogo suíço, enfatiza reiteradamente o íntimo nexo entre saúde psíquica e pureza moral. E com ele, hoje muitos psicólogos veem uma ligação entre neurose e culpa. A neurose surge de culpa não reconhecida e de passos recusados que seriam necessários no caminho para o amadurecimento[98]. Quem forceja pela pureza de coração e diante de Deus, na oração,

---

98. Cf. GOETSCHI, R. *Der Mensch und seine Schuld* – Das Schuldverständnis der Psychotherapie in seiner Bedeutung für Theologie und Seelsorge. Einsiedeln, 1976. • JUNG, C.G. "Über die Entwicklung der Persönlichkeit". *Gesammelte Werke*. Vol. 17. Olten, 1972, esp. p. 117.

revela sua culpa e deixa purificar seu coração, fica interiormente são e curado.

A pureza de coração, portanto, não é um conceito que interessa apenas à ciência histórica. Ele tem algo a dizer-nos. Se nós, em vez de olharmos demasiado rigidamente para nossa tranquilidade e saúde mentais, nos esforçássemos mais pela pureza de coração, experimentaríamos antes algo da autêntica serenidade. E se nós, em lugar de impacientemente mirar em experiências de Deus, tirássemos os obstáculos do nosso coração e, com os monges, nos empenhássemos pela pureza de coração, então não precisaríamos lamentar-nos a respeito do Deus ausente no mundo secularizado. Se combatermos a mundanização de nosso próprio coração, então pode ser que Deus se deixe realmente experimentar por nós, não porque possamos rebaixá-lo até nós, mas porque Ele é o Deus da graça, que se nos mostra, por livre benevolência, como o incompreensível, mas misericordioso, como aquele que fere, mas ao mesmo tempo cura, como o Deus de nossa salvação.

Índice

Sumário, 5
Prefácio a esta edição, 7
Introdução, 11
1 A natureza da pureza de coração, 15
2 Meios para alcançar a pureza de coração, 21
    2.1 Ascese, 22
        Ascese como ofício, 22
        Ascese como luta contra os vícios, 29
    2.2 Lidar com os pensamentos, 38
        Exame de consciência, 39
        Análise de nossas relações com os
        semelhantes, 40
        A função terapêutica dos semelhantes, 45
        O confronto com os pensamentos, 50
        Exame e organização dos pensamentos, 57
        A revelação dos pensamentos, 68
    2.3 Caminhos não ascéticos, 71
3 Sinais da pureza de coração, 75
4 O caminho para a pureza de coração como
desafio para nós, 79
    4.1 Oração e ascese, 80
    4.2 Oração e autoconhecimento, 82
    4.3 Oração como cura do ser humano, 84

CULTURAL

Administração – Antropologia – Biografias
Comunicação – Dinâmicas e Jogos
Ecologia e Meio Ambiente – Educação e Pedagogia
Filosofia – História – Letras e Literatura
Obras de referência – Política – Psicologia
Saúde e Nutrição – Serviço Social e Trabalho
Sociologia

CATEQUÉTICO PASTORAL

Catequese – Pastoral
Ensino religioso

REVISTAS

Concilium – Estudos Bíblicos
Grande Sinal
REB – SEDOC

TEOLÓGICO ESPIRITUAL

Biografias – Devocionários – Espiritualidade e Mística
Espiritualidade Mariana – Franciscanismo
Autoconhecimento – Liturgia – Obras de referência
Sagrada Escritura e Livros Apócrifos – Teologia

PRODUTOS SAZONAIS

Folhinha do Sagrado Coração de Jesus
Calendário de mesa do Sagrado Coração de Jesus
Agenda do Sagrado Coração de Jesus
Almanaque Santo Antônio – Agendinha
Diário Vozes – Meditações para o dia a dia
Encontro diário com Deus – Guia Litúrgico

VOZES NOBILIS

Uma linha editorial especial, com
importantes autores, alto valor
agregado e qualidade superior.

CADASTRE-SE
www.vozes.com.br

VOZES DE BOLSO

Obras clássicas de Ciências Humanas
em formato de bolso.

EDITORA VOZES LTDA.
Rua Frei Luís, 100 – Centro – Cep 25689-900 – Petrópolis, RJ
Tel.: (24) 2233-9000 – Fax: (24) 2231-4676 – E-mail: vendas@vozes.com.br

UNIDADES NO BRASIL: Belo Horizonte, MG – Brasília, DF – Campinas, SP – Cuiabá, MT
Curitiba, PR – Florianópolis, SC – Fortaleza, CE – Goiânia, GO – Juiz de Fora, MG
Manaus, AM – Petrópolis, RJ – Porto Alegre, RS – Recife, PE – Rio de Janeiro, RJ
Salvador, BA – São Paulo, SP